Tipps und Tricks, um erfolgreich auf Instagram zu sein

Es ist schwer zu glauben, dass es erst 7 Jahre her ist, seit Instagram uns mit Filtern und Fotos im Quadratformat bekannt gemacht hat. Seit seiner Einführung im Jahre 2010 hat Instagram die Welt im Sturm erobert. Es scheint so, als ob nahezu jedermann - und ihr Hund - auf der Plattform aktiv ist. Vielleicht denken Sie, ich liebe es, durch meinen persönlichen Feed zu scrollen, aber ich weiß nicht, ob meine Marke für das soziale Netzwerk geeignet ist. Nun werfen Sie einen Blick auf diese Statistiken: 28 % aller US-amerikanischen Erwachsenen nutzen Instagram, wobei mehr als 75 % der Nutzer außerhalb der USA leben. Mit mehr als 700 Millionen aktiven Nutzern pro Monat ist die Plattform heutzutage nicht nur für den persönlichen Gebrauch geeignet. Instagram ist eine vollwertige, globale Plattform, die es Marken ermöglicht, ihre Inhalte zu personalisieren, neue Mitarbeiter zu rekrutieren, Produkte zu präsentieren und ihr Publikum zu inspirieren.

Instagram verfügt nicht nur über viele Nutzer, sie sind auch aktiv. Mehr als die Hälfte (51 %) der aktiven Nutzer der Plattform besuchen die Website täglich und 35 % geben an, sie mehrmals täglich zu überprüfen. Die Foto- und Video-Sharing-App hat sich schnell zu einer der bekanntesten Social-Media-Webseiten entwickelt.

Instagram ist großartig, um die eigene Markenbekanntheit zu steigern und Produkte einzuführen, denn über 70 % der Instagram-Nutzer haben bereits Zeit damit verbracht, nach einer Marke auf der Plattform zu suchen. Mit Instagram können Sie Ihre Marke und Ihr Produkt auf eine freundliche und authentische Weise bewerben, ohne sich direkt an Ihre Kunden zu wenden.

• Instagram verfügt über 700 Millionen aktive Nutzer pro Monat.

• Über 95 Millionen Fotos und Videos werden jeden Tag auf Instagram geteilt.

• Mehr als 75 % der Nutzer von Instagram bestehen aus Personen außerhalb der USA.

Sie sind also offiziell über Instagram begeistert, aber vielleicht sind Sie sich noch unsicher, wie sie anfangen sollten? Kein Problem! Wir verstehen, dass eine visuelle Plattform wie Instagram auf den ersten Blick etwas einschüchternd wirken kann. Aus diesem Grund haben wir den ultimativen Instagram Marketing Guide für Sie erstellt.

So erstellen Sie ein Instagram-Unternehmensprofil

Sind Sie bereit, um Instafamous zu werden? Großartig, wir können Ihnen dabei helfen, Sie auf den Weg zu bringen. Bevor wir beginnen, ist es wichtig zu beachten, dass Instagram dazu gedacht ist, visuelle Inhalte in dem Moment zu teilen, in dem es passiert. Um relevant zu bleiben, müssen Sie etwas Zeit investieren, um regelmäßig Fotos und Videos auf der Plattform zu veröffentlichen. Wenn Sie Ihr Profil nicht auf dem neuesten Stand halten, werden Sie Follower verlieren und das Engagement sinkt.

1) Laden Sie die Instagram App herunter

Okay, lassen Sie uns beginnen. Zuerst müssen Sie die App herunterladen, denn Instagram besitzt keine Desktop-Version, die alle Funktionen der App enthält. Zum Beispiel können Sie alle Inhalte auf der Instagram-Website ansehen, aber Sie können sie nicht über Ihren Desktop hochladen. Instagram ist sowohl im Apple App Store als auch bei Google Play kostenlos erhältlich.

2) Erstellen Sie ein Instagram-Konto

Sobald Sie die App heruntergeladen haben, ist es an der Zeit, Ihr Konto zu erstellen. Wenn Sie die App öffnen, haben Sie zwei Möglichkeiten: sich mit Facebook anmelden oder via E-Mail registrieren. Lassen Sie sich jedoch nicht vom Facebook-Login verführen! Registrieren Sie sich mit einer geschäftlichen E-Mail, um sicherzustellen, dass Ihr Profil nicht mit Ihrem persönlichen Facebook-Konto verknüpft wird.

Als Nächstes geben Sie Ihre Daten ein. Ihr vollständiger Name ist der Name, der in Ihrem Profil angezeigt wird. Es ist nicht Ihr Konto Benutzername. Geben Sie Ihren tatsächlichen

Unternehmensnamen ein, damit Ihr Profil für Besucher erkennbar ist.

3) Wählen Sie einen Benutzernamen

Sie werden danach aufgefordert, einen Benutzernamen auszuwählen. Ihr Nutzername ist einzigartig für Ihr Profil und ermöglicht es anderen Benutzern, sich mit Ihrer Marke zu identifizieren. Wählen Sie einen Benutzernamen, der erkennbar und leicht zu finden ist. Wenn Ihr Unternehmensname vergeben sein sollte, können Sie versuchen den ersten Teil Ihres Firmennamens in Ihrem Nutzernamen zu erhalten. Hinweis: Sie können Ihren Benutzernamen später in Ihren Kontoeinstellungen aktualisieren. Sie müssen sich also keine Sorgen machen, wenn Sie ihn in Zukunft ändern möchten.

4) Wählen Sie das richtige Profilbild

Jetzt ist es an der Zeit, ein Profilbild auszuwählen. Ihr Profilbild wird eines der ersten Dinge sein, die Menschen sehen, wenn Sie nach Ihrem Profil suchen und es einsehen. Aus diesem Grund sollten Sie das Profilbild mit Ihrem Branding und Ihrem visuellen Kennzeichen abgleichen. Erwägen Sie, Ihr Logo oder ein anderes bekanntes Bild zu verwenden. Beachten Sie jedoch, dass Ihr Profilbild kreisförmig ist. Instagram wird Ihr Foto nämlich automatisch so zuschneiden, dass es in den Kreis passt. Lassen Sie also Platz um die Ecken Ihres Bildes.

5) Optimieren Sie Ihr Instagram Biografie

Ihr Profil ist nahezu fertig, aber fangen Sie noch nicht an zu posten! Sie müssen Ihre Instagram-Biografie optimieren. Instagram-Bios haben maximal 150 Zeichen, also müssen Sie direkt und prägnant sein. Erzählen Sie Ihrem Publikum, wer Sie sind und was Sie tun, indem Sie einen Hauch von Persönlichkeit verwenden. Machen Sie sich keine Sorgen um die Verwendung von Keywords und Hashtags, da diese in Ihrer Biografie nicht durchsuchbar sind.

Sie können die Nutzer auch dazu ermutigen, eine bestimmte Aktion zu unternehmen, beispielsweise einen bestimmten Hashtag zu verwenden oder Ihre Website zu besuchen. Ihre Biografie ist der einzige Ort, an dem Sie eine anklickbare URL bereitstellen und Traffic auf eine externe Website leiten können. Unternehmen aktualisieren häufig ihre Featured-URL, um sie an ihren neuesten

Post anzupassen. Wenn Sie sich dazu entschließen, einen Link hinzuzufügen, sollten Sie ein Tool wie Bitly oder Goo.gl verwenden. Dadurch sieht Ihr Profil nicht überladen aus und Sie werden besser erkennen, wie viel Traffic das soziale Netzwerk für Ihre Kampagnen oder Webseite generiert.

Die verschiedenen Arten von Instagram-Posts

Nachdem Sie Ihr Konto erstellt haben, ist es an der Zeit, es mit tollen Inhalten zu füllen. Mit Instagram können Sie verschiedene Arten von Inhalten veröffentlichen, einschließlich Fotos, Videos und Stories. Lassen Sie uns über die verschiedenen Arten von Instagram-Posts und einige bewährte Vorgehensweisen zur Förderung von Engagement sprechen.

Bilder

Die häufigste Art von Post auf Instagram ist ein Bildbeitrag. Beim Erstellen von Bild-Posts ist es wichtig, eine Vielzahl von Fotos zu posten. Vermeiden Sie es jedoch, zu viele Fotos Ihres Produkts zu veröffentlichen. Instagram-Nutzer suchen nach echten Posts von Marken, nicht nach offensichtlicher Werbung. Zum Beispiel nutzt Nike Fotos von seinen Produkten, aber die meisten Bilder zeigen Athleten, Konzerte und andere Arten von Inhalten, die sich auf dessen Markenpersönlichkeit konzentrieren.

Wenn Sie die Plattform erkunden, werden Sie feststellen, dass es unzählige Arten von Bildern gibt, die Sie auf Ihrem Konto veröffentlichen können. Seien Sie kreativ! Achten Sie auf Konzepte oder Stile, von denen Sie glauben, dass sie für Ihre Marke gut funktionieren. Um Ihnen den Einstieg zu erleichtern, haben wir eine Liste mit einigen der erfolgreichsten Arten von Instagram-Bildern zusammengestellt.

1) Hinter den Kulissen Posts

Diese Posts bieten einen Einblick in einen Teil Ihres Unternehmens oder Ihrer Marke, den die Leute normalerweise nicht sehen. Es ist wichtig, dass sie nicht inszeniert wirken, da Authentizität hier der Schlüssel ist.

2) Reposts von Mitarbeitern

Manchmal müssen Sie nicht weiter nach großartigen Inhalten suchen als bei Ihren eigenen Mitarbeitern. Das erneute Übermitteln von großartigen Fotos Ihrer Mitarbeiter ist eine einfache Möglichkeit, authentische Inhalte zu kreieren und Ihr Unternehmen zu personalisieren. Ihre Zielgruppe wird nicht nur mit Ihrer Marke interagieren, sondern sich auch mit Ihren Mitarbeitern "verbinden". Achten Sie jedoch darauf, die Person, welche die Inhalte zuerst veröffentlicht hat, zu erwähnen oder zu kreditieren.

3) Posts mit Anleitungen oder Erklärungen

Lehrreiche Beiträge bieten schnelle Tipps, wie man etwas tut oder erstellt. Die Fotos oder Videos zeigen die Anweisungen in der Regel schnell und einfach an. Die beliebte Videoserie "Tasty recipe" von Buzzfeed ist ein fantastisches Beispiel dafür, wie Sie gleichzeitig lehrreich und unterhaltsam sein können.

4) Influencer-Posts

Influencer-Posts nutzen den Ruhm eines Prominenten oder einer bekannten Persönlichkeit, um auf Ihre Marke aufmerksam zu machen. Diese Beiträge enthalten oft eine visuelle Darstellung des Beeinflussers, der Ihr Produkt verwendet oder mit ihm interagiert. Einer der Vorteile von Influencer-Posts ist, dass Sie die Aufmerksamkeit eines neuen Publikums erhalten.

5) Motivierende Posts

Ein Motivationspost kombiniert normalerweise ein einfaches Bild mit einer Art von motivierendem Text oder einem Zitat, das eingefügt wird. Diese Art von Posts können eine gute Möglichkeit sein, um Ihr Publikum zu animieren und Ihre Markenwerte zu verstärken. Während sie zwar effektiv sind, sollten Sie versuchen diese sparsam zu posten, um zu vermeiden, dass Sie kitschig wirken. Apps wie Quipio und Typic können Ihnen dabei helfen, Text in Fotos einzufügen, die Ihren Markenrichtlinien entsprechen.

6) Benutzergenerierte Inhalte

Ähnlich wie bei den Posts von Ihren Mitarbeitern handelt es sich hierbei um Inhalte von Fans und Followern. Sehen Sie sich Ihre getaggten Fotos oder Posts mit Ihrem Marken-Hashtag an und überlegen Sie, qualitativ hochwertige Bilder, die den Stil Ihrer Marke widerspiegeln, erneut zu veröffentlichen. Dies erfreut nicht nur der ursprüngliche Poster, es zeigt auch, dass Sie sich wirklich um Ihre Kunden sorgen - achten Sie jedoch darauf, den ursprünglichen Poster im Titel mit @ zu erwähnen. Um nutzergenerierten Inhalt erneut zu posten, können Sie ganz einfach den ursprünglichen Post kopieren und ausschneiden oder verwenden eine Reposting-App wie Repost für Instagram.

7) Newsjacking

Es scheint, als gäbe es heutzutage einen "Feiertag" für nahezu alles! Fun-Events wie der nationale Eiscreme-Tag oder Halloween sorgen für eine Menge Engagement in den sozialen Medien. Mach mit bei der Teilnahme an einem lokalen, nationalen oder weltweiten Trend. Ein Newsjack-Post ist eine großartige Möglichkeit, humorvolle Inhalte zu veröffentlichen, die sich auf unbeschwerte Ereignisse beziehen.

Wie man Hashtags auf Instagram benutzt

Sie haben sie schon einmal gesehen und Sie werden sie wiedersehen - Hashtags haben das Internet übernommen. Ursprünglich auf Twitter bekannt geworden, sind diese nun in mehreren sozialen Netzwerken zu sehen. Hashtags sind ein Keyword oder eine Keyword-Phrase, die ohne Leerzeichen geschrieben und mit einem Nummernzeichen (#) versehen sind. Sie werden im Allgemeinen verwendet, um Ereignisse, Konferenzen, Popkultur, Unterhaltung oder wiederkehrende Themen zu referenzieren und sind eine gute Möglichkeit, um Ihre Inhalte sichtbarer zu machen.

Wie Hashtags auf Instagram verwendet werden

Wie die meisten Social-Plattform-Feeds ändern sich Instagram-Feeds ständig. Dies macht Sinn, wenn man bedenkt, dass täglich

80 Millionen Fotos auf der Plattform geteilt werden. Mit so viel Inhalt kann es für Ihr Konto schwierig werden, bemerkt zu werden. Hier kommen Hashtags zum Einsatz.

Auf Instagram verbinden Hashtags die Posts von Nutzern, die ansonsten nicht mit einem Feed verbunden sind. Das heißt, wenn Ihr Konto öffentlich ist, kann jeder, der die von Ihnen verwendeten Hashtags durchsucht, Ihren Beitrag sehen.

Die Hashtag-Feeds von Instagram sind sehr einfach und ermöglichen es Benutzern, ähnliche Inhalte zu finden. Sie sind in drei Teile aufgeteilt - Top-Posts, neueste Posts und ähnliche Hashtags. Die Top-Posts erscheinen am oberen Rand eines trendigen Hashtags oder Standort-Feeds und enthalten neun Posts, die sehr viel Engagement erfahren haben. Die neusten Posts verfügen über einen Livestream für jeden Beitrag, der diesen Hashtag in chronologischer Reihenfolge verwendet hat.

Wenn Sie einen beliebten, trendigen Hashtag verwenden, wird Ihr Beitrag in der Liste ziemlich schnell nach unten verschoben. Ähnliche Hashtags sind eine gute Möglichkeit, um andere Hashtags zu finden, mit denen Nutzer ein Thema diskutieren. Wenn Sie zum Beispiel planen, Ihren Post mit #coffee zu markieren, können Sie ähnliche Hashtags wie #latte, #cappuccino, #icecoffee oder #coffeebreak anhängen, um den Einflussbereich Ihres Posts zu erweitern.

Die Verwendung von Hashtags ist einfach! Erstellen Sie einfach Hashtags mit Zeichen, Zahlen oder Emojis und fügen Sie bis zu 30 von ihnen zu den Titeln oder Kommentaren Ihres Beitrags hinzu. Denken Sie daran, dass Ihr Konto öffentlich sein muss, damit Ihre Posts in Hashtag-Feeds erscheinen.

Einen Instagram-Hashtag auswählen

Da Sie nun verstehen, wie wichtig es ist, Hashtags auf Instagram zu verwenden, fragen Sie sich wahrscheinlich, wie Sie die richtigen für Ihren Post auswählen. Das Brainstorming von Keywords und die Untersuchung von Trends ist am einfachsten in der Instagram-App selbst. Wenn Sie von Anfang an suchen, ist es am besten, auf der Registerkarte "Durchsuchen" zu beginnen. Dort können Sie auf beliebte Beiträge klicken, um zu sehen, welche Hashtags verwendet wurden.

Wenn Sie bereits einen Hashtag haben, können Sie auch den Tab "Durchsuchen" verwenden, um beliebte oder ähnliche Hashtags zu finden. Klicken Sie dazu auf die Lupe am unteren Rand Ihrer App und geben Sie den Hashtag in die Suchleiste ein. Filtern Sie Ihre Ergebnisse nach "Tags", um zu sehen, wie viele Beiträge diesen Hashtag und andere ähnliche Hashtags verwendet haben.

Instagram Fotogröße

Nachdem wir nun besprochen haben, was Sie auf Instagram posten können, gehen wir nun auf einige Tipps ein, um erfolgreich auf Instagram zu sein. Im Gegensatz zu anderen Social-Media-Plattformen zwingt Sie das einfache Profillayout von Instagram dazu, sich auf den Inhalt zu konzentrieren. Dies ist zwar großartig für das Engagement, bedeutet aber auch, dass mittelmäßige Inhalte nicht verdeckt werden können. Daher ist es wichtig, Bilder mit hoher Auflösung auf Ihrem Instagram-Feed zu verwenden. Größtenteils sollten die Bilder eine Auflösung von 1080 X 1080 besitzen - also ein Quadrat. Die Webseite ermöglicht jetzt auch Landschaftsfotos oder Fotos mit einem Seitenverhältnis von 1,91: 1, aber die Betrachter müssen auf das Miniaturbild des Bildes klicken, um das vollständige Foto anzuzeigen. In einem Feed wird das Bild hingegen zu einem Quadrat zugeschnitten angezeigt. Sie können auch Porträtfotos mit einem Seitenverhältnis von 4 : 5 posten.

Wie Sie ein großartiges Foto mit Ihrem Smartphone erstellen

Okay, Sie denken nun vielleicht "Wie soll ich die perfekte, qualitativ hochwertige Aufnahme ohne eine hochwertige Kamera machen?" Keine Sorge! Die Technologie der Telefon-Kameras ist so weit fortgeschritten, dass sie nun Kameras im Wert von mehreren Tausend Euro Konkurrenz macht. Sie müssen kein professioneller Fotograf mehr sein, um perfekte Fotos zu machen. Sie können tolle

Fotos erstellen, die Ihr Publikum lieben wird, mit einem Werkzeug, das Sie bereits in den Händen halten.

Folgen Sie der Drittel-Regel

Möchten Sie Ihre Fotomontage verbessern? Schalten Sie die Gitterlinien der Kamera ein. Wenn Sie Ihr Foto zusammenstellen, sollten Sie darauf achten, dass sich Ihr Motiv am Schnittpunkt vertikaler und horizontaler Linien befindet. Diese Technik, bekannt als die Drittelregel, wurde anfangs von Malern und Illustratoren populär gemacht, gilt aber auch für Fotografien. Wenn Sie Ihr Motiv aus der Mitte bewegen, entsteht ein leichtes Ungleichgewicht, welches das Auge des Betrachters erfasst. Um das Raster in einem iPhone einzuschalten, gehen Sie zu "Einstellungen", wählen Sie "Fotos & Kamera" und schalten Sie "Raster" auf "Ein".

Konzentrieren Sie sich auf ein einzelnes Thema

Es wird manchmal gesagt, dass die Aufgabe eines Fotografen darin besteht, Einfachheit aus Chaos zu schaffen. Ein überfüllter Hintergrund mit mehreren Motiven im Bild wird vom Fokus Ihres Fotos abgelenkt und kann sogar Ihr Publikum verwirren. Versuchen Sie stattdessen, sich auf ein einzelnes Motiv in jedem Foto zu konzentrieren und entfernen Sie Ablenkungen, indem Sie diese ausschneiden oder einen sauberen Hintergrund finden, auf dem Sie aufnehmen können.

Nutzen Sie den negativen Platz

Negativer Raum ist der leere Raum um Ihr Motiv herum. Wenn Sie Leerraum um Ihr Motiv herum zulassen, wird die Aufmerksamkeit auf den gewünschten Fokus Ihres Bildes gelenkt und verhindert, dass es überfüllt erscheint.

Suchen Sie nach interessanten Perspektiven

Die Menschen sind es gewohnt, die Welt auf Augenhöhe zu sehen. Um interessante und frische Fotos zu erstellen, verwenden die Fotografen von National Geographic häufig Aufnahmen aus verschiedenen Perspektiven, um die Monotonie aufzubrechen. Versuchen Sie beispielsweise von oben zu fotografieren, um eine Vogelperspektive zu erfassen, oder von unten nach oben, um eine Froschperspektive zu erhalten. Experimentieren Sie mit verschiedenen Blickwinkeln, um neue Perspektiven auf alltägliche Sehenswürdigkeiten zu finden.

Symmetrie

Das menschliche Auge wird von symmetrischen Formen und Objekten angezogen. Bei symmetrischen Bildern ist es manchmal am besten, die Drittelregel zu brechen und die Szene in Ihrem Bild zu zentrieren, damit sie auf jeder Seite perfekt zusammenpasst. Führende Linien sind eine andere spezifischere Form der Symmetrie, die den Blick ins Foto ziehen.

Muster

Genau wie bei der Symmetrie werden Menschen auch zu Mustern hingezogen. Manchmal kann ein Muster künstlich hergestellt werden, wie zum Beispiel ein Fliesenboden, wohingegen es auch natürliche gibt, wie zum Beispiel Blütenblätter auf einer Blume oder Weinreben an einer Wand. Um die Dinge wirklich interessant zu machen, können Sie das Muster mit Ihrem Motiv zerteilen.

Verwenden Sie natürliches Licht

Elektrische Beleuchtung erzeugt grelle Schatten und Lichter, die unerwünschte dunkle und helle Bereiche in Ihren Fotos verursachen können. Versuchen Sie möglichst sanftes natürliches Licht zu verwenden, um dies zu verhindern. Versuchen Sie ebenfalls Fotos neben einem Fenster zu machen, wo Streulicht von draußen in einen Raum gelangt. Für Außenaufnahmen bietet die halbe Stunde kurz vor und nach Sonnenuntergang und Sonnenaufgang oft die auffälligste Beleuchtung, weil die Sonne tief am Horizont steht.

Hinzufügen von Filtern und das Bearbeiten von Fotos

Warum sehen manche Fotos einfach so gut aus? Wahrscheinlich hat es viel mit der Bearbeitung zu tun. Das Bearbeiten von Fotos dauert nur wenige Minuten und kann die Qualität Ihrer Fotos stark beeinflussen. Dank der integrierten Tools und Filter von Instagram ist das Bearbeiten von Fotos unglaublich einfach. Achten Sie darauf, diesen Tipps zu folgen, damit Ihr selbst gemachtes Mittagessen wie ein kulinarisches Meisterwerk aussieht. Glücklicherweise können Sie in wenigen einfachen Schritten mit der Bearbeitung beginnen.

Beginnen Sie zunächst mit einem tollen Foto. Kein noch so großer Bearbeitungsaufwand kann Fotos korrigieren, wenn sie über eine schlechte Komposition oder Beleuchtung verfügen. Versuchen Sie als Nächstes, das Bild in anderen Apps als Instagram zu bearbeiten. Snapseed ist eine großartige kostenlose Bearbeitungs-App, mit der Sie Effekte wie HDR und Tonwertkontrast anwenden sowie bestimmte Bereiche eines Fotos festlegen können, um Helligkeit, Kontrast und Sättigung anzupassen. VSCO ist auch eine beliebte Bearbeitungs-App mit zahlreichen kostenlosen Filtern, die entwickelt wurden, um beliebte Einstellungen zu emulieren.

Wenn Sie Ihr bearbeitetes Foto auf Instagram hochladen, schneidet die Plattform Ihr Foto automatisch zu einem Quadrat zu. Um es auf die ursprüngliche Breite zurückzusetzen, drücken Sie auf das Symbol "Erweitern" (die beiden nach außen weisenden Pfeile).

Versuchen sie zusätzliche Instagram-Filter hinzuzufügen, aber gehen Sie nicht zu weit. Jeder Instagram-Filter hat seine eigene Persönlichkeit, die ein Foto drastisch verändern kann.

Nehmen Sie letzte Verbesserungen mit den Bearbeitungswerkzeugen von Instagram vor. Drücken Sie die Schaltfläche "Bearbeiten", um die Ausrichtung, Helligkeit, den Kontrast, die Struktur und andere Details Ihres Fotos anzupassen. Drücken Sie "Weiter", wenn Sie fertig sind, um letzte Details hinzuzufügen und das Bild zu veröffentlichen.

Wie Sie eine Instagram-Marketing-Strategie erstellen

Sie wissen, dass Sie auf Instagram sein müssen und Sie möchten auf Instagram sein, aber Sie wissen nicht, was Sie tun sollen, sobald Sie auf Instagram sind. Wenn das wie Sie klingt, müssen Sie sich keine Sorgen machen, denn Sie sind nicht allein. Viele Unternehmen fühlen sich unter Druck gesetzt, auf jeder Social-Media-Plattform zu sein, ohne ihre Strategie zu überdenken. Da sich Instagram sehr von anderen beliebten Social Sites unterscheidet, erfordert es eine andere Marketingstrategie. Denken Sie über die folgenden Themen nach, um mit der Entwicklung des einzigartigen Stils Ihrer Marke zu beginnen.

Ermitteln Sie Ihre Instagram-Zielgruppe

Wie bei jeder anderen Plattform ist es wichtig, die Zielgruppe zu bestimmen, die Sie erreichen möchten, bevor Sie mit einem Instagram-Marketing beginnen. Wenn Sie bereits andere Marketingstrategien einsetzen, dann können Sie auch diese zusätzlich verwenden. Einige hilfreiche Faktoren, die Sie berücksichtigen sollten, wenn Sie Ihre Zielgruppe auf Instagram ermitteln möchten, sind Alter, Standort, Geschlecht, Einkommen, Interessen und Motivationen.

Sie wissen nicht, wo Sie anfangen sollen? Überprüfen Sie beliebte Ereignis- und Interessen-Hashtags, die mit Ihrem Unternehmen in Beziehung stehen. Finden Sie heraus, wer die Hashtags benutzt und mit ihnen interagiert, und schauen Sie sich ihre Profile an. Sie können sich auch die Follower Ihrer Konkurrenten ansehen. Manchmal ist es einfacher als Sie denken, Ihr Publikum zu bestimmen.

Wettbewerbsanalyse für Instagram

Nachdem Sie Ihre Instagram-Zielgruppe ermittelt haben, führen Sie eine Wettbewerbsanalyse durch, um zu sehen, was andere Vermarkter in Ihrem Bereich posten. Wenn Sie Ihre Top-Konkurrenten bereits kennen, beginnen Sie mit der Suche nach ihren Instagram-Profilen. Falls nicht, suchen Sie nach Begriffen, die sich auf Ihr Unternehmen oder Ihre Branche beziehen, um ähnliche Konten zu finden. Führen Sie eine schnelle Überprüfung der zugehörigen Konten durch, um zu sehen, welche Arten von Beiträgen den höchsten Anteil an Engagement erhalten, welche populären Hashtags sie verwenden, welche Arten von Untertiteln sie nutzen, wie oft sie veröffentlicht werden und wie schnell sie wachsen. Diese Informationen dienen als Bezugspunkt, wenn Sie beginnen, Ihr eigenes Konto zu erstellen.

Während Sie die vorhandenen Inhalte Ihrer Mitbewerber prüfen, achten Sie darauf, alle Möglichkeiten zu beachten, die sie möglicherweise verpasst haben. Durch das Hinzufügen einzigartiger Inhalte zum Mix wird sich Ihr Unternehmen von anderen abheben.

Einen redaktionellen Kalender einrichten

Im Durchschnitt posten Marken auf Instagram etwa sechs Bilder pro Woche - das sind mehr als 300 Posts pro Jahr! Bei so vielen Beiträgen kann es schwierig sein, den Überblick über alle Inhalte zu behalten, die Sie posten müssen, und auch was Sie bereits gepostet haben. Das Erstellen eines redaktionellen Kalenders ist eine hilfreiche Möglichkeit, den Zeitaufwand für die Verwaltung Ihrer Instagram-Präsenz zu reduzieren. Sie können Ihren Kalender mit einigen der oben besprochenen beliebten Arten von Instagram Posts ausfüllen und Ihre Untertitel, Hashtags und Postzeiten im Voraus planen. Ihr redaktioneller Kalender ist auch ein großartiger Ort, um wichtige Ereignisse aufzuzeichnen, die Sie auf Ihrem Instagram-Konto hervorheben möchten, wie beispielsweise neue Produkteinführungen oder spezielle Angebote. Ohne einen Redaktionskalender können Sie verzweifelt versuchen, Inhalte zu finden, die Sie posten können, anstatt nach echten Chancen Ausschau zu halten.

Aufbau einer konsistenten Marke auf Instagram

Zufällige oder unzusammenhängende Inhalte verwirren Ihre Zielgruppe und führen dazu, dass Ihr Konto möglicherweise Follower verliert. Um dies zu verhindern, ist es wichtig, auf Ihrem Instagram-Konto eine einheitliche Markenästhetik zu wahren. Um herauszufinden, wie dies aussieht, denken Sie zunächst an Ihre Markenpersönlichkeit. Was sind Ihre Markenwerte? Sind Sie frech, verspielt, abenteuerlustig? Idealerweise sollte jemand in der Lage sein, ein Bild in seinem Feed zu sehen, und sofort erkennen, dass es von Ihrer Marke stammt, indem Sie einfach auf das Foto schauen.

Taco Bell ist ein großartiges Beispiel für die Einhaltung einer Markenästhetik. Der Feed der Marker konzentriert sich auf den schnellen Lebensstil des Publikums und bietet lustige Bilder, um die Interaktion mit seiner Zielgruppe voranzutreiben. Sobald Sie Ihre Markenpersönlichkeit festgelegt haben, können Sie damit beginnen, Ihre Inhalte dementsprechend anzupassen. Dies kann sogar für die Farbpalette in Ihren Fotos gelten.

Sie sollten auch versuchen Bilder zu posten, die Ihre Markengeschichte widerspiegeln. Wenn Sie fesselnde Geschichten in Ihren Überschriften einfügen, können die Menschen Ihre Marke besser zuordnen. Der Feed von Red Bull enthält beispielsweise viele energiereiche Bilder und Videos, die zur Geschichte seiner Marke beitragen.

Wie Sie Instagram Follower in Kunden umwandeln

Sobald Sie sich eine dedizierte Follower-Basis aufgebaut haben, können Sie beginnen, diese Follower in zahlende Kunden zu wandeln. Dazu gibt es mehrere Möglichkeiten:

1) Werbeaktionen: Angebote, Rabatte, Sonderaktionen und andere Werbeangebote sind eine großartige Möglichkeit, mit Ihrer Instagram-Zielgruppe erstmals Verkäufe zu erzielen. Achten Sie darauf genau anzugeben, was benötigt wird, um das Werbeangebot zu erhalten und wann das Angebot abläuft, um ein Gefühl der Dringlichkeit zu erzeugen.

2) Wettbewerbe: Was ist eine bessere Möglichkeit, um jemanden zu einem Kunden zu machen, als ihnen zu ermöglichen, Ihr Produkt auszuprobieren? Promoten Sie Wettbewerbe, indem Sie Nutzer auffordern, Ihrem Konto zu folgen oder Inhalte mit einem bestimmten Hashtag zu posten.

3) Wohltätigkeit: Laut einer kürzlich durchgeführten Umfrage erwarten 81 % der Millennials, dass sich Unternehmen öffentlich zu Wohltätigkeitsorganisationen verpflichten. Auf diese Weise können Sie eine Affinität für Ihrer Marke aufbauen und Follower zu Kunden machen. Zum Beispiel hat sich Gap mit Global Fund zusammengeschlossen, um AIDS in Afrika zu bekämpfen. Seit 2006 hat es dazu beigetragen, über 130 Millionen Euro zu sammeln.

4) Teaser: Instagram ist eine großartige Plattform, um Ihrem Publikum Einblicke in neue Produkte zu geben, bevor sie verfügbar sind. Während Sie die Feeds Ihrer Follower nicht nur mit Produktfotos spammen möchten, können schon einige Bilder für Aufregung sorgen.

5) Führen Sie ein Produkt Live ein: Bei bestimmten Produkteinführungen kann es sogar sinnvoll sein, ein neues Produkt oder einen neuen Dienst mit Instagram Live zu präsentieren. Sie können Nutzer schnell zu einem Kauf verlocken, indem Sie in Ihrer Biografie einen Kauflink einfügen.

Wie Sie mehr Follower auf Instagram erhalten

Sie heben den richtigen Inhalt erstellt und die richtigen Hashtags verwendet - jetzt fragen Sie sich aber wahrscheinlich, wie Sie mehr Follower auf Instagram erhalten können. Egal, ob Sie ein etabliertes Unternehmen mit Tausenden von Followern sind oder gerade erst anfangen haben, das Wachstum Ihrer Follower erfordert viel Zeit und Energie. Sie könnten versucht sein, den einfachen Ausweg zu nehmen und Follower zu kaufen - tun Sie das jedoch nicht. Durch den Kauf von Followern erhalten Sie keine zukünftige Interaktion. Dies ist genau das, was Sie benötigen, um sicherzustellen, dass Ihre Beiträge im Feed eines Nutzers gesehen werden. Zum Glück gibt es ein paar Dinge, auf die Sie sich konzentrieren können, um mehr Follower auf die richtige Weise zu gewinnen. Lassen Sie uns anfangen!

Stellen Sie in erster Linie sicher, dass Ihr Nutzername wiedererkennbar und durchsuchbar ist. Wenn die Leute Sie nicht finden können, werden sie Ihnen auch nicht folgen können! Als Nächstes füllen Sie Ihr Bio aus. Es ist das Letzte, was jemand einsieht, bevor er die Entscheidung trifft Ihnen zu folgen, also achten Sie besonders darauf anzugeben, wer Sie sind und was Sie tun.

Sobald Ihr Profil optimiert ist, sollten Sie anfangen zu posten! Es ist eine gute Idee, eine solide Anzahl von Posts zu veröffentlichen (15 oder so), bevor Sie wirklich damit anfangen Ihr Publikum mit einzubeziehen und hart arbeiten, um Follower anzulocken. Wenn Nutzer Ihr Profil besuchen und es leer finden, werden sie Ihnen wahrscheinlich nicht folgen. Da Sie nur wenige Posts veröffentlichen werden, sollten Sie sicherstellen, dass sie alle von hoher Qualität sind. Ihre Facebook- und Twitter-Follower übersehen möglicherweise ein paar schlechte Posts, aber Ihre Instagram-Follower nicht. Wenn Sie ein schlechtes Foto posten, könnte dies sich auf Ihr ganzes Profil auswirken.

Nachdem Sie einige Inhalte gepostet haben, beginnen Sie damit, den für Sie interessanten und auf Ihr Unternehmen bezogenen Konten zu verfolgen. Stellen Sie sich Instagram wie eine Community vor - suchen Sie nach anderen Unternehmen in Ihrer Nähe oder nach Influencern, denen Ihre Produkte/Dienstleistung gefallen könnten. Nachdem Sie einem Konto folgen, sollten Sie mit deren Inhalt interagieren. Es ist die natürlichste Art, die Aufmerksamkeit auf Ihren eigenen Instagram-Account zu lenken, ohne als Spam zu wirken. Wenn Sie einem Konto folgen oder mit ihm interagieren, erhält der Kontoinhaber eine Benachrichtigung. Dies könnte dazu führen, dass Sie Ihr Konto überprüfen und Ihnen folgen. Denken Sie ebenfalls daran, Ihre Follower zu würdigen, indem Sie auf ihre Kommentare antworten und mit ihren Inhalten interagieren.

Ermutigen Sie ebenfalls andere dazu, Ihre Inhalte zu teilen. Bitten Sie Werbeträger, Ihr Konto zu teilen oder arbeiten Sie mit ähnlichen Konten zusammen. Zum Beispiel könnte eine lokale Filiale mit einem bekannten Stylisten zusammenarbeiten, um die neuesten Stile der Saison hervorzuheben.

Zu guter Letzt sollten Sie Ihr Instagram-Konto auf anderen Kanälen bewerben. Fügen Sie Ihrer Webseite eine Schaltfläche für das Teilen auf sozialen Netzwerken hinzu oder ermutigen Sie Ihre Follower auf einer anderen Plattform, Ihnen auf Instagram zu folgen. Manchmal ist der schnellste Weg, mehr Follower zu gewinnen, einfach nach ihnen zu fragen!

5 wenig bekannte Instagram Hacks

Jetzt, wo Sie die Grundlagen von Instagram kennengelernt haben, ist es an der Zeit, ein paar wenig bekannte Instagram-Hacks zu erkunden, um das Beste aus der Plattform zu machen. Wir empfehlen, die neueste Version der App herunterzuladen, um diese so effektiv wie möglich zu nutzen.

1) Die beste Zeit, um auf Instagram zu posten

Da Instagram eine mobile App ist, sind die Benutzer zu jeder Tageszeit auf der Plattform. Es gibt jedoch ein paar optimale Zeiten, um für ein bestmögliches Engagement auf Instagram zu posten. Die besten Zeiten zum Posten sind Montag und Donnerstag zu jeder Zeit, außer zwischen 15:00 und 16:00 Uhr für die Zeitzone Ihrer Zielgruppe. Viele Benutzer neigen nämlich dazu, sich an Wochentagen außerhalb der Arbeitszeiten mit mehr Inhalten zu beschäftigen.

2) Wie Sie Instagram mit Ihrer Facebook-Seite verlinken können

Eine der einzigartigen Funktionen von Instagram besteht darin, dass Sie Ihre Inhalte nahtlos über andere soziale Netzwerke austauschen können. Obwohl dies eine gute Idee zu sein scheint, empfehlen wir nicht, automatisch auf Ihre anderen sozialen Plattformen wie Twitter und Facebook zu verlinken. Was auf Instagram funktioniert, wird wahrscheinlich nicht zu den gleichen Ergebnissen auf anderen Kanälen führen. Es ist daher wichtig, dass Sie Ihre Inhalte für jede Plattform anpassen. Wenn Sie Instagram jedoch mit Ihren anderen sozialen Konten wie Facebook verknüpfen, erhöht sich die Anzahl der Ansichten auf Ihren Posts. Hinweis: Ihre Facebook-Seite wird bereits mit Ihrem Instagram verknüpft sein, wenn Sie ein Instagram-Unternehmensprofil einrichten.

Sollten Sie sich jedoch für eine Verlinkung entscheiden, macht Instagram dies ziemlich einfach für Sie. Um Ihre Facebook-Seite mit Ihrem Instagram-Konto zu verknüpfen, müssen Sie in Ihrem Instagram-Profil zuerst auf das Zahnrad-Symbol in der oberen rechten Ecke klicken. Scrollen Sie im Menü "Optionen" zu "Einstellungen" und suchen Sie nach "Verknüpfte Konten". Wenn Sie nicht bereits auf Ihrem Telefon bei Facebook angemeldet sind, werden Sie dazu aufgefordert, wonach Sie die Facebook Business-Seite wählen müssen, die Sie verlinken möchten. Als Nächstes werden Sie zum Menü "Freigabeeinstellungen" weitergeleitet. Das Facebook-Logo sollte blau sein, um anzuzeigen, dass die Freigabe aktiviert ist.

3) Wie Sie Posts sehen, die Sie geliked haben

Haben Sie sich schon jemals gewünscht, dass Sie kinderleicht alle Posts finden können, die Sie auf Instagram geliked haben? Es ist möglich! Sie können sich im Menü "Optionen" Ihres Profils alle Posts ansehen, die Ihnen gefallen haben. Drücken Sie auf das Zahnradsymbol und wählen Sie "Beiträge, die Ihnen gefallen haben". Scrollen Sie dann nach unten, bis Sie das gewünschte Foto oder Video gefunden haben.

4) Wie man Instagram Filter neu anordnet

Um beim Hochladen von Fotos in der Zukunft Zeit zu sparen, können Sie in Instagram Filter neu anordnen, sodass Sie diejenigen, die Sie am häufigsten verwenden, am Anfang Ihrer Optionen positionieren können. Um Filter neu anzuordnen oder auszublenden, beginnen Sie einen Post zu bearbeiten, genau wie Sie es normalerweise tun. Scrollen Sie danach in den Filteroptionen ganz nach rechts und klicken Sie auf das Zahnradsymbol "Verwalten". Halten Sie Ihren Finger auf die drei grauen Linien und ziehen Sie den Filter nach oben oder unten. Um einen Filter auszublenden, deaktivieren Sie ihn auf der rechten Seite des Bildschirms.

5) Verbergen Sie Beiträge, in denen Sie markiert wurden

Wenn jemand Ihre Marke in einem Post markiert, wird dieser angezeigt, wenn Sie in Ihrem Profil auf das Avatar-Symbol in der rechten Ecke klicken. Um einen markierten Beitrag zu entfernen, klicken Sie auf die drei Punkte in der oberen rechten Ecke und wählen Sie "Foto ausblenden". Wählen Sie die Beiträge aus, die Sie entfernen möchten, und klicken Sie erneut auf "Fotos ausblenden". Dadurch werden die Beiträge zwar nicht aus Instagram entfernt, aber sie werden aus Ihrem Profil entfernt.

Wenn Sie markierte Beiträge nicht entfernen möchten, können Sie manuell auswählen, dass nur die von Ihnen gewünschten hinzugefügt werden. Klicken Sie erneut auf die drei Punkte und drücken Sie auf "Tagging Optionen". Sie können dann "Manuell hinzufügen" auswählen. Ab diesem Zeitpunkt werden Sie immer benachrichtigt, wenn Sie auf einem Foto von jemandem markiert werden. Tippen Sie dann auf das Foto, auf dem Sie markiert wurden, und wählen Sie "Auf Profil anzeigen".

Hier sind die besten **21** Instagram Marketing Tipps der Profis.

1. Schauen Sie sich Ihre Mitbewerber an

Ihre Mitbewerber können eine großartige Quelle für Ihre eigenen Instagram-Beiträge sein. Sie sollten versuchen zu recherchieren, was sie tun, wie ihre tägliche Instagram-Aktivität aussieht und wie sie ihre Beiträge veröffentlichen. Schauen Sie sich zum Beispiel an, wie eBay ein Bild auf Instagram postet und wie es eine großartige kurze Beschreibung besitzt, die das Bildkonzept widerspiegelt. Manchmal wird das Posten eines Bildes jedoch nicht wirklich etwas bewirken, wenn Sie nicht erklären, wie es sich auf Ihr Produkt und Ihre Dienstleistungen bezieht. Ihr Bild sollte eine Überschrift enthalten, welche die richtige Nachricht ausdrückt, die Sie an Ihre Follower weiterleiten möchten. Mit der richtigen Überschrift oder einem Hashtag werden Ihre Besucher definitiv das Produkt oder den Service für das Bild verstehen. Große Unternehmen setzen daher ernsthaft in die Erforschung der Auswirkungen von Hashtags, was die meisten kleinen Unternehmen übersehen würden. Es ist also sehr wichtig, das Kernkonzept der Konkurrenten zu erforschen, die erfolgreich sind und zu versuchen, dem zu folgen, was sie tun.

2. Setzen Sie Instagram-Stories richtig ein

Instagram-Stories sind ein hervorragendes Tool, welches das Interesse an Ihrem Unternehmen steigern kann, indem Sie Kunden einen Vorgeschmack auf neue Produkte, Werbegeschenke oder Verkäufe geben. Da diese Nachrichten an der Spitze des Feeds deutlich gesehen werden können, sind sie auch leicht zu bemerken. Diese Werbeaktionen in Stories zu promoten, kann äußerst nützlich sein und Nutzer dazu bringen, immer wieder nach Updates zu suchen. Instagram hat einige verschiedene Funktionen getestet, um Markeninhalte besser hervorzuheben, und die Möglichkeit eigene Links zu Stories hinzuzufügen, ist eines der neuesten Updates.

3. Schließen Sie sich mit Influencer zusammen

Sehr viele Unternehmen verwenden Influencer-Marketing als Teil ihrer digitalen Marketing-Strategie für Instagram, weil sie die größtmögliche Interaktion daraus ziehen. Sie können Influencer-Marketing auf vielfältige Art und Weise betreiben. Finden Sie beispielsweise zuerst populäre Accounts, die Ihren Auswahlkriterien erfüllen, und führen dann ein Gespräch, um zu beurteilen, ob alles passt oder nicht. Ebenfalls kann eine Plattform namens Tomoson genutzt werden, die dabei hilft, Influencer mit Marken zu verbinden. Sie können zum Beispiel eines Ihrer Produkte kostenlos an einen Influencer schicken, im Austausch für eine ehrliche Rezension, die an ihre Follower in Instagram geschickt wird.

4. Werben Sie mit Videos

Neben einer regelmäßigen Veröffentlichung von Fotos auf Ihren Instagram-Konten, können Sie auch Marketingvideos zu wichtigen Feiertagen und Meilensteinen erstellen. Erstellen Sie diese Videos beispielsweise mit Animoto, welches Ihnen ermöglicht, quadratische Videos zu erstellen, die gut auf Instagram eingefügt werden können. Es verfügt auch über viele Schriftoptionen und machen es einfach, Text auf dem Video zu platzieren, was wichtig für Sound-off ist, eine mobile Betrachtung. Da Instagram im Besitz von Facebook ist, können Sie auch Instagram-Anzeigen über den

Facebook Ads Manager schalten, wodurch sichergestellt wird, dass die richtige Zielgruppe Ihre Videos sehen kann.

5. Fragen Sie sich, ob Sie an Ihrem Feed interessiert sein würden

Um das Beste aus Instagram herauszuholen, müssen Sie auch daran arbeiten, denn Sie werden ernten, was Sie säen. Wenn Sie daran interessiert sind Anhänger zu erhalten, die später zu Kunden werden, müssen Sie Beiträge erstellen, die Ihrem Unternehmen mehr Glaubwürdigkeit für Verkäufe verleihen. Sie möchten Bilder Ihres Unternehmens oder Produkte posten und diese so präsentieren, dass die Qualität hervorgehoben wird. Um dies effektiv zu tun, müssen Sie sich Gedanken machen, Ihren Feed zu kuratieren. Stellen Sie sich Ihre Instagram-Seite als Ihre Geschäftsstelle vor und denken Sie wie ein potenzieller Kunde. Fragen Sie sich: "Wenn ich nicht ich wäre, warum würde ich mich für diese Seite interessieren?".

6. Gehen Sie clever mit Ihren Hashtags und Links um

Um effektiv zu sein, sollten Sie so viele der 30 Hashtags verwenden, die Ihnen per Post erlaubt sind. Stellen Sie sicher, dass die Tags für Ihren Post und Ihre Marke relevant sind und dass sie es wert sind, eingebunden zu werden (Sie erhalten eine praktische Vorschau, wie viele Leute ein bestimmtes Hashtag verwenden, was sehr nützlich ist). Die meisten bekanten Unternehmen neigen dazu, nur ein paar Tags im primären Instagram-Post zu verwenden, aber folgen mit einem Kommentar, der viele zusätzliche relevante Hashtags enthält (dies zählt immer noch, wenn andere Leute nach diesen Tags suchen).

Darüber hinaus, obwohl der Webverkehr kein Hauptziel von Instagram sein sollte; können Sie weiterhin Personen zu einem Link senden, den Sie in Ihre Biografie einfügen. Aus diesem Grund sehen Sie auch häufig Posts, die sagen: "Klicken Sie auf den Link in unserer Biografie für weitere Informationen". Instagram hat absichtlich nicht erlaubt, aktive Links innerhalb des Textteils ihrer Beiträge zu veröffentlichen. Machen Sie sich also Gedanken, wie Sie Follower dazu verleiten, sich zu Ihrem Bio-Link zu klicken, und ändern Sie diesen Vorgang häufig, sodass Sie Ihre Aufrufe nicht ständig wiederholen.

7. Verwenden Sie kostenpflichtige Anzeigen

Im Vergleich zu jedem anderen sozialen Netzwerk hat Instagram das meiste Engagement und in nur vier Jahren hat Instagram über 300 Millionen Nutzer erreicht. Einer der besten Instagram-Marketing-Tipps besteht darin bezahlte Werbung zu verwenden. Dies ist die neuste Waffe, mit der Marken ihr Publikum erreichen können. Bisher haben nur Personen, die Ihrem Konto folgen, Ihre Fotos und Aktualisierungen gesehen. Aber jetzt können Marken diese für jeden innerhalb ihrer Zielgruppe bewerben. Instagram-Werbung ist vergleichsweise günstig und damit eine der besten Werbemöglichkeiten.

8. Überspringen Sie die Automatisierungstools

Wenn Sie Ihre Anhängerschaft auf Instagram erweitern möchten, geht es nicht nur darum, diese Zahl zu vergrößern, sondern auch darum, Followern zu erhalten, mit denen Sie interagieren können. Nehmen Sie sich Zeit und finden Sie Nutzer, die an Hashtags interessiert sind, die für Ihr Unternehmen repräsentativ sind. Klicken Sie auf ihr Profil, Liken einige ihrer Fotos und Folge ihnen zuerst. Das Ziel sollte die Qualität der Follower sein, und nicht nur Quantität!

9. Konzentrieren Sie sich auf Inhalte, die Ihre Follower engagieren

Sie sollten sich immer auf Inhalte konzentrieren, die Ihre Follower engagieren, anstatt auf werbende Inhalte. Während es verlockend sein kann, ständig darüber zu berichten, wie toll Ihre Marke ist, können Sie dadurch auch leicht Kunden verlieren. Eine gute Möglichkeit, um Ihre Marke zu bewerben und gleichzeitig eine Beteiligung zu erhöhen, besteht darin, Ihr Branding (Schriftarten, Farben usw.) in Engagement basierenden Inhalten einzubinden. Zum Beispiel sind "Spot the Difference" Posts eine eine gute Möglichkeit, Ihr Publikum auf Ihre Marke zu konzentrieren, ohne selbst Werbung zu betreiben. Es ist eine unterhaltsame, einzigartige Möglichkeit, gleichzeitig Ihr Engagement und Ihre Markenbekanntheit auf Instagram zu steigern.

10. Fügen Sie Ihren Instagram-Posts eine persönliche Leidenschaft hinzu

Instagram sollte nicht nur als eine Plattform für Neukundenkontakte betrachtet werden. Sie sollten sich zusammen mit Ihren Unternehmensnachrichten (Personal, Auszeichnungen, neue Produkte, Büroeröffnung/Umzug usw.) darauf fokussieren, Ihre wahren Leidenschaften außerhalb der Arbeit zu zeigen.

Gleiches gilt für Ihre Mitarbeiter. Sie möchten zusätzlich zu der Geschäftsbeziehung, die existiert (oder die Sie sichern möchten), eine emotionale Verbindung zu Ihrem Publikum aufbauen. Es ist wichtig, dass Ihre Marke eine Menschheit ausstrahlt - sei es Ihre persönliche Liebe zu Pferden oder die ehrenamtliche Arbeit, die Sie als Unternehmen leisten. Es zeigt, dass Sie Ihren Teil in der Gemeinschaft leisten, oder dass Sie sich einfach sehr für einen besonderen Zweck interessieren. Wenn Sie eine menschliche und emotionale Verbindung zu Ihrem Publikum herstellen, werden Sie dadurch sympathischer und schaffen eine stärkere Markentreue.

11. Verwenden Sie Instagrams direkte Nachrichten (aber übertreiben Sie es nicht)

Nur sehr wenige Leute nutzen effektiv die DM-Funktion in Instagram, und noch weniger nutzen sie, ohne "Werbend" zu klingen. Viele, die zuerst von dieser Funktion erfahren, versuchen Nachrichten auszuschneiden und einzufügen, die für alle geeignet sind. "Hey, uns gefällt Ihr Profil! Möchten Sie etwas kaufen"? Dies ist ein todsicherer Weg, um blockiert zu werden. Nehmen Sie sich bei dieser Strategie etwas Zeit, um in Ihren direkten Nachrichten einen wirklich Mehrwert zu enthalten.

12. Engagieren Sie sich online und bauen Sie Beziehungen offline auf

Engagieren Sie sich auf der Plattform. Wenn Sie eine wachsende Marke sind, dann sollten Sie dies für mindestens eine Stunde pro Tag tun. Engagieren Sie sich mit Benutzern, die mehr Anhänger als Sie haben, indem Sie Leute kommentieren, liken und folgen! Sobald sie Ihr Publikum aktiv ansprechen, werden Sie größere Beeinflusser erreichen und sie dazu bringe, über Ihr Unternehmen zu reden! Das kann beispielsweise ein Mittagessen sein, bei dem Sie teilen, dass Sie mit der besagten Person zu Mittag gegessen haben, und sie machen dasselbe. Es dreht sich alles darum, wen Sie auf Instagram kennen und wie Sie mit Marken interagieren, die Ihnen ähnlich sind.

13. Wählen Sie Ihre eigene Zeit, um Posts zu veröffentlichen

Jedes Unternehmen hat eine andere Zielgruppe, weshalb Ihr Publikum auf Instagram eine andere aktive Zeit haben wird. Viele Social-Media-Spezialisten haben sich bereits gefragt, was die richtige Zeit ist, um auf sozialen Medien zu posten. Dies hängt jedoch vorwiegend vom Standort Ihrer Zielgruppe ab, weshalb Sie nicht die Standardregeln befolgen sollten, die Sie im Internet finden. Beachten Sie jedoch, dass Sie Ihr Publikum ebenfalls nicht überfordern sollten, weshalb die Häufigkeit der Posts sehr wichtig ist.

14. Erstellen Sie einen speziellen Instagram-Link

Die Verwendung von Instagram zu Marketingzwecken kann schwierig sein, da Sie nur einen Link haben. Das bedeutet, dass Sie nur diesen einen Link kreativ für die Vermarktung Ihres Unternehmens verwenden können. Verwenden Sie daher nicht die Homepage Ihrer Website für Ihren Link; verwenden Sie einen Link, der speziell für Instagram erstellt wurde. Um die Nutzung dieses einzigen Links, den Sie auf Instagram erhalten, zu maximieren, sollten Sie sicherstellen, dass die Seite, auf die Sie verlinken, für relevante Inhalte auf Ihrem Instagram-Feed und die Beschreibung optimiert ist. Fügen Sie nicht einfach die Homepage Ihrer Website ein, sondern eine relevante Seite, die mit den Inhalten verknüpft ist, die Sie auf Instagram teilen. Wenn Sie Bilder Ihres Produkts in verschiedenen Situationen teilen, stellen Sie immer sicher, dass Sie auf eine Seite verweisen, auf der die Nutzer dieses Produkt sofort finden können. Je enger der Inhalt der Seite Ihres Links mit dem Inhalt Ihres Instagram-Profils zusammenhängt, desto effektiver wird er sein.

15. Erwähnen Sie andere Unternehmen in Ihrer Bildunterschrift

Versuchen Sie in Ihrer Bildunterschrift so viele Unternehmen in Ihrer Branche zu markieren, die mit Ihrem Postzusammenhängen. Wenn es Ihnen gefällt, erhalten Sie vielleicht einen Repost und die Aufmerksamkeit ihres Publikums. Dies wird Ihnen auch dabei helfen, Beziehungen und potenzielle Kooperationen mit anderen Marken aufzubauen. Die Zusammenarbeit auf Instagram ist der Schlüssel zu einem Anstieg an Followern und der einfachste Weg, Ihre Zielgruppe zu erreichen. Sie möchten jedoch nicht Ihre Konkurrenten markieren, da sie wahrscheinlich nicht den Markt mit Ihnen teilen möchten.

16. Überwachen Sie Ihre Metriken

Um einen klaren Überblick über den Erfolg Ihrer Online-Aktivitäten zu erhalten, sollten Sie auf jeden Fall Ihre Instagram-Metriken (Posts und Follower, neueste Posts, Posts, Top-Posts, Likes und Kommentare, Engagement-Raten usw.) überwachen. Es ist auch wichtig, Ihre Ergebnisse mit denen Ihrer Konkurrenten zu vergleichen. So können Sie feststellen, was am besten für sie funktioniert. Es ist immer eine gute Idee, von den Best Practices zu lernen. Metriken helfen dabei, den Moment zu erfassen, wenn etwas schief geht (weniger Kommentare, Likes usw.), da visuelle Informationen immer besser verarbeitet werden können. Mit anderen Worten, Messungen sind absolut notwendig und es ist einfacher, Metriken in Dashboards zu überwachen. Es gibt viele Online-Dashboard-Dienste, einschließlich Octoboard, die eine kostenlose Version anbieten.

17. Verwenden Sie nur unbearbeitete Fotos

Um Ihre Präsenz auf Instagram zu maximieren, verwenden Sie nur unbearbeitete Fotos, also keinen Photoshop und keine Overlays. Instagram nutzt bestimmte Algorithmen, um Ihre Inhalte anzuzeigen. Wenn es als Spam angesehen wird, ist Ihre Reichweite gering. Sie können Ihre Reichweite jedoch erhöhen, indem Sie relevante Hashtags hinzufügen. Dies ist der einfachste und hilfreichste Tipp, um auf Instagram präsent zu sein. Denken Sie daran, dass die Plattform ursprünglich für Fotografen und Künstler erstellt wurde.

18. Denken Sie sich abwechslungsreiche Inhalte aus

Der Erfolg von Instagram-Marketing beginnt mit guten Inhalten. Stellen Sie sicher, dass Ihre Inhalte klar und eindeutig sind und Ihr Publikum ansprechen. Stellen Sie außerdem sicher, dass Sie die Arten von Inhalten variieren; Eine Mischung aus Fotos, Videos und Text hält die Dinge frisch. Wenn Sie sicherstellen, dass Sie dies bei jedem Post verfolgen, erhalten Sie auch Konsistenz, die für Ihre Instagram-Präsenz entscheidend ist. Eine große Hilfe bei der Verwaltung Ihres Profils ist die Verwendung einer Plattform von Drittanbietern, um Ihre Posts vorab zu laden. Dies gilt natürlich nicht für alle Ihre Inhalte. Sie wollen immer noch eine gute Menge an Posts, aber alle Kampagnen oder allgemeine Inhalte können im Voraus für Effizienz geplant werden. Stellen Sie immer sicher, dass Sie alle 30 Hashtags verwenden! Dies kann nicht genug betonen werden, da Sie dadurch erreichen, dass Ihr Post die richtige Zielgruppe und das größtmögliche Publikum erreicht.

19. Perfekt sollte niemals der Feind des Guten sein

Unbearbeitet Inhalt sind in Ordnung, denn nicht alles was Sie tun, muss sorgfältig produziert werden, aber Ihre Fotos sollten qualitativ hochwertig und optisch ansprechend sein. Wenn Ihre Marke neu auf Instagram ist, sollten Sie immer realistisch sein und klein anfangen. Lassen Sie sich nicht entmutigen, besonders wenn Sie alles selbst machen. Es ist viel wichtiger, dass Ihr Geschäft konsequent mit Followern kommuniziert und postet, anstatt das alles perfekt ist. Wir sagen jedoch nicht, dass Genauigkeit keine Rolle spielt; die Rechtschreibprüfung ist Ihr Freund und unscharfe Bilder von Ihrer letzten Messe in Vegas sollten wahrscheinlich auch nicht verwendet werden, aber es braucht Zeit, um eine Präsenz zu verwalten und mit einem Engagement neben dem Generieren aller Inhalte mitzuhalten. Eine Follow erfolgt wahrscheinlich nicht über Nacht für die meisten kleinen Unternehmen. Planung, Konsistenz und eine koordinierte Ausführung sind hier der Schlüssel. Brechen Sie die Monotonie auf, indem Sie den Inhalt und die Formate der von Ihnen geposteten Inhalte variieren.

20. Konzentrieren Sie sich darauf, echte Follower zu gewinnen

Kaufen Sie niemals Anhänger oder erwarten, dass Sie Millionen von ihnen in kürzester Zeit erhalten können! Bei Social Media geht es um den Aufbau einer Gemeinschaft, nicht um eine Anhängerschaft, die sich nicht darum kümmert, was Sie anbieten und niemals zu Kunden werden! Was noch schlimmer ist, wenn Sie Anhänger kaufen, sind einige dieser Konten gestohlene "soziale Identitäten" von anderen Menschen, einschließlich Kindern. Gehen Sie also lieber den steinigen Weg und arbeiten daran eine Gemeinschaft aufzubauen, die wichtig ist und sich auf lange Sicht auszahlen wird.

21. Verwenden Sie nutzergenerierte Inhalte

Inhalte anderer Leute zu teilen ist eine der besten Möglichkeiten, um eine echte Instagram-Präsenz aufzubauen. Wenn ein kleines Unternehmen gerade seine anfängliche Zielgruppe aufbaut, sollte die Freigabe von benutzergenerierten Inhalten Priorität haben. Leider hat Instagram keine einfache, native Möglichkeit, Inhalte anderer Personen zu teilen. Es gibt jedoch Apps von Drittanbietern, welche dir die Möglichkeit geben, zu Regrammen.

Kontakt: Anthony Filipiak, Christinenstr. 14, 40880 Ratingen
Covergestaltung: Autor Richards Coverfoto: shutterstock.com

Printed in Poland
by Amazon Fulfillment
Poland Sp. z o.o., Wrocław

49571632R00016